Frank Mangelsdorf (Hg.)

EINST UND JETZT
HOCHSCHULE
IN EBERSWALDE

Texte:
Boris Kruse

Fotos:
Thomas Burckhardt

Dank an Dortje Klatte (HNE Eberswalde), Ramona
Schönfelder und Doreen Pagel vom Museum in der
Adler-Apotheke, Ingrid Fischer, Dr. Ilse Seeliger,
Prof. Dr. Klaus-Jürgen Endtmann sowie Ines Höhne
vom Landeskompetenzzentrum Forst.

EDITION
BRANDENBURG

Übersetzung: Christine Mohr-Benfer

Historische Aufnahmen: Hochschule für nachhaltige
Entwicklung Eberswalde (FH) / Landeskompetenz-
zentrum Forst (LFE) S. 12, 20 / Museum in der Adler-
Apotheke S. 26, 46, 84 / Dr. Ilse Seeliger S. 60, 62, 64, 70

ISBN 978-3-941092-90-7

Die Deutsche Nationalbibliothek verzeichnet diese Publikation
in der Deutschen Nationalbibliografie; detaillierte bibliografische
Daten sind im Internet über http://dnb.d-nb.de abrufbar.

CULTURCON medien
Bernd Oeljeschläger

Choriner Straße 1, 10119 Berlin
Telefon 030/34398440, Telefax 030/34398442

Ottostraße 5, 27793 Wildeshausen
Telefon 04431/9559878, Telefax 04431/9559879

www.culturcon.de

Redaktion: MOZ-Redaktion GmbH
Projekt-Betreuung: Gitta Dietrich
Gestaltung: Katja Gusovius und Kathrin Strahl, Berlin
Druck: Silber Druck oHG, Niestetal
Berlin/Wildeshausen 2012

Für ihre Unterstützung danken wir:

www.doerner-partner.de

Es sind vier Silben, auf die man an der Hochschule Eberswalde allergrößten Wert legt: nachhalt-ig-keit – Nachhaltigkeit. Wenn etwas den Anspruch erhebt, nachhaltig zu sein, dann überzeugt es auf längere Zeit mit einer anhaltenden Wirkung. Es dauert an, bleibt, wirkt nach, hält noch lange, nachdem es gebaut oder in Bewegung gesetzt wurde. Die vor zwanzig Jahren gegründete Fachhochschule trägt dieses Wort im Namen. Es beschreibt das wissenschaftliche Programm und den Anspruch der Einrichtung.

In Forschung und Lehre setzen die Angehörigen der Hochschule für nachhaltige Entwicklung Eberswalde mit dem Blick auf die Zukunft auf Schlüsselthemen wie Erneuerbare Energien, Ökolandbau, Klimawandel oder auch nachhaltige Wirtschaft. Die Wissenschaft hat mit diesen Themen die Entwicklung der Stadt Eberswalde bereits nachhaltig mitbestimmt. Wissenschaftler und Studierende sind aus dem Alltag der gut 40 000 Einwohner zählenden Stadt am nördlichen Rand der Barnimhochfläche nicht mehr wegzudenken. Und das nicht erst seit 20 Jahren.

Die heutige Hochschule für nachhaltige Entwicklung Eberswalde wurde 1830 als Höhere Forstlehranstalt gegründet. Seither hat sich die Hochschule zu einer „brandenburgischen Marke mit hoher Strahlkraft" entwickelt – und das in einer Stadt, in der es bekanntermaßen nicht unerheblich „um die Wurst geht".

Aber auch hier schließt sich ein Kreis „nachhaltig": Alle Studienangebote der Hochschule fühlen sich dem Gedanken des nachhaltigen Wirtschaftens verpflichtet. Das funktioniert nur, wenn die Region vor Ort zum Probier- und Studierfeld wird. Das hinterlässt sichtbare Spuren. Auch in Beton, Stahl und Glas. Die Bilder auf den folgenden Seiten lassen die Entwicklung der Fachhochschule Eberswalde noch einmal Revue passieren. Und das hoffentlich nachhaltig.

Frank Mangelsdorf
Chefredakteur
Märkische Oderzeitung

GRUSSWORT

Dieses Jahr 2012 ist ein großes Jahr für die Hochschule für nachhaltige Entwicklung Eberswalde (HNEE), der dieser vorliegende Band von „Einst und Jetzt" gewidmet ist. In diesem Jahr feiern wir zum einen die 20-jährige Neugründung der HNEE – 1963 war die Forstwirtschaftliche Fakultät Eberswalde geschlossen worden – zum anderen begehen wir den Geburtstag von Friedrich II., dem Großen, der sich im Jahr 2012 zum 300. Mal jährt. Sie fragen sich, was die beiden Daten miteinander verbindet? Nun, wohl kein anderer Preußen-König hat sich so konsequent forstlicher Belange angenommen, wie Friedrich der Große. Obwohl kein passionierter Jäger – womit er bei seinen adligen Zeitgenossen eine echte Ausnahme darstellte – war ihm der Wald und dessen Pflege doch, oder vielleicht gerade deswegen, eine echte Herzensangelegenheit. In seine Regierungszeit fiel denn auch die Gründung der ersten Forstakademie in Berlin, die schließlich einige Jahrzehnte später unter ihrem legendären Direktor Wilhelm Pfeil nach Eberswalde verlegt wurde. Damit war diese Königliche Forstakademie gewissermaßen die Keimzelle unserer heutigen Jubilarin, der HNEE.

Was dann hier in Eberswalde im Jahr 1992 mit vier Studiengängen und einer überschaubaren Anzahl von Studierenden erneut in Gang gesetzt wurde, hat sich in den vergangenen 20 Jahren zu einer auch baulich hochattraktiven Hochschule mit aktuell fast 2 000 Studierenden in 16 überdurchschnittlich nachgefragten Studiengängen gemausert. Und die Studiengänge sind, was Konzept und Inhalt angeht, zum Teil einzigartig. Orientiert an einem starken Leitbild und eingebettet in ein glaubwürdiges Profil ziehen sie jedes Jahr Studierende aus ganz Deutschland und dem Ausland zu einem Studium nach Eberswalde.

Das Motto der Buchreihe, in der die vorliegende Veröffentlichung erscheint, ist wie zugeschnitten auf den Standort Eberswalde. „Einst und Jetzt" – wer die folgenden Seiten aufschlägt, oder noch besser, Stadt und Hochschule Eberswalde einen Besuch abstattet, der findet auf Schritt und Tritt diese gelungene Kombination aus Altem und Neuem – ein fruchtbares Ineinandergreifen von Standorttradition und den Anforderungen von Gegenwart und Zukunft.

Die Idee der Nachhaltigkeit, die Name und letztlich auch Programm der HNEE abbildet, geht auf forstwirtschaftliche Traditionen des frühen 19. Jahrhunderts zurück. Eine Zeit, in der der zunehmende Raubbau an den natürlichen Ressourcen, insbesondere dem Wald, zu einer Verwüstung ganzer Landstriche führte und die wirtschaftliche Entwicklung Preußens zu gefährden drohte.

Der Raubbau an den natürlichen Ressourcen hat längst eine globale Dimension angenommen und es mag ein Zufall sein, dass die Neu-Gründung der HNEE zeitlich mit der großen Konferenz der Vereinten Nationen über Umwelt und Entwicklung in Rio de Janeiro im Jahr 1992 zusammenfiel, die sich insbesondere mit den Bedrohungen für die gesamte menschliche Gesellschaft durch eine global entfesselte Raubbau-Ökonomie beschäftigte. Dies ist jedoch letztlich das Feld, das die HNEE seit ihrer Neugründung mit bewundernswerter Beharrlichkeit bearbeitet und auf dem sie Lösungen für die drängenden Fragen unserer Zeit sucht. Ihr Themenspektrum spannt dabei einen weiten Bogen von der nachhaltigen Energieversorgung bis zur Ökologiesierung der Landnutzung, vom klimaneutralen Tourismus über die zeitgemäße Inwertsetzung des nachwachsenden Rohstoffs Holz bis zu Fragen des nachhaltigen Wirtschaftens in Betrieben und Kommunen.

Dass sie mit diesen Zukunftsthemen auch noch eine besonders erfolgreiche Hochschule ist, freut mich als Wissenschaftsministerin des Landes Brandenburg ganz besonders. Die HNEE gehört seit Jahren zu den forschungsstärksten Fachhochschulen in Deutschland. Abzulesen ist diese Forschungsstärke an einer überdurchschnittlichen Einwerbequote von Drittmitteln. Die HNEE ist zudem in beispielhafter Weise vernetzt. Zu ihren Kooperationspartnern gehören Hochschulen und außeruniversitäre Forschungseinrichtungen, aber auch die gewerbliche Wirtschaft sowie Verwaltungen von Landkreisen und Kommunen.

Und auch die Landesregierung profitiert vom Fachwissen von der HNEE. Die Hochschule entsendet regelmäßig ausgewiesene Experten in die maßgeblichen Beratungsgremien der Landesregierung und macht so ihr Wissen für politisches und gesellschaftliches Handeln verfügbar. Nicht zuletzt möchte ich an dieser Stelle die Bedeutung der Hochschule in Eberswalde für das Thema Fachkräftesicherung ansprechen. Nachwuchskräfte gehen gern und häufig in der Nähe ihrer Studienorte auf Arbeitssuche. Die Bedeutung von Fachhochschulen kann in dieser Hinsicht und vor dem Hintergrund des demografischen Wandels gerade auch für ansonsten strukturschwache Regionen nicht hoch genug eingestuft werden.

Nun möchte ich Sie einladen, sich auf den folgenden Seiten vom „Einst und Jetzt" der Hochschule in Eberswalde in Bann ziehen zu lassen und wünsche Ihnen dabei viel Vergnügen.

Prof. Dr.-Ing. Dr. Sabine Kunst
Ministerin für Wissenschaft, Forschung und Kultur des Landes Brandenburg

EINLEITUNG

Von der Höheren Forstlehranstalt zur Hochschule für nachhaltige Entwicklung Eberswalde (FH)

Wo fangen wir beim „Einst" an?
Vielleicht 1770, als Friedrich II. in Berlin die Gründung einer Forstakademie verfügte, die dann 1806 wieder schloss? Oder 1821, als in Berlin an der Friedrich Wilhelm-Universität die Königliche Forstakademie gegründet wurde? Wohl doch besser 1830, dem Jahr des Neustarts in Eberswalde, als die Forstakademie als Höhere Forstlehranstalt mit dem Direktor Wilhelm Pfeil aus dem baumarmen Berlin ins waldreiche Eberswalde verlegt wurde, praxisorientiert und getreu Pfeils didaktischem Wahlspruch: „Fragt die Bäume, wie sie erzogen sein wollen. Sie werden euch besser darüber belehren, als die Bücher es thun."

In den Folgejahren erlangte hier die forstliche Forschung und Lehre Weltbedeutung, unter anderem dokumentiert durch die Gründung des Internationalen Verbands Forstlicher Forschungsanstalten, kurz IUFRO (International Union of Forest Research Organizations) 1892 oder die Tatsache, dass Eberswalde im Jahr 1921 als Forstliche Hochschule Eberswalde das Promotions- und das Habilitationsrecht erhielt. 1946 baute dann Johannes Schubert die Hochschule als Forstfakultät der Universität Berlin auf ihren Trümmern neu auf. Sie wurde, im Wesentlichen politisch motiviert, im Jahr 1963 geschlossen.

Für das „Jetzt" sei aus einem Bericht der Hochschulstrukturkommission von 2011/2012 zitiert:
„Die heutige HNE Eberswalde wurde nach 1990 als Fachhochschule Eberswalde an einem traditionsreichen forst- und holzwirtschaftlichen Lehr- und Forschungsstandort eingerichtet und erhielt dementsprechend einen im Kreis der fünf brandenburgischen Fachhochschulen von vornherein besonders spezifischen Gründungsauftrag. Ihre Rolle als bedeutender Faktor der regionalen Wirtschaftsentwicklung sollte sie durch eine Ausrichtung auf Fragen der Land- und Landschaftsnutzung, der Landschaftsentwicklung und des Naturschutzes ausfüllen. Der HNE Eberswalde ist es nach Einschätzung der Hochschulstrukturkommission überzeugend gelungen, diesen Auftrag anzunehmen [...]. Die HNE Eberswalde konnte zu einer brandenburgischen „Marke" mit hoher Ausstrahlungswirkung entwickelt werden und besitzt heute ein im Zusammenhang mit dem Begriff der Nachhaltigkeit weiter geschärftes Lehr- und Forschungsprofil, dessen konsequente Fortführung und Weiterentwicklung auch aus Sicht der Kommission äußerst zukunftsweisend ist."

Dieses „Jetzt" begann am 1. April 1992 als Fachhochschule Eberswalde mit 45 Forststudenten, gestartet im damaligen Westend Kino. Zuerst war nach der Wende eine Forstwirtschaftliche Fakultät an der Humboldt Universität zu Berlin geplant, quasi „back to the roots" von 1963. Dann wurde es eine

eigenständige FH mit vier Fachbereichen:
- Forstwirtschaft
- Landschaftsnutzung und Naturschutz
- Holztechnik
- Betriebswirtschaftslehre

Jeder Fachbereich hatte genau einen acht-semestrigen gleichnamigen Studiengang, auch der Abschluss war einheitlich der Dipl. Ing (FH). Geplant waren damals 1260 Studienplätze mit 52 Professuren, doch leider besann sich die Landesregierung schon sehr bald, nämlich 1996, eines Anderen, nicht Besseren und drehte die Zielzahlen auf 40 Professuren mit 796 Studienplätzen zurück, davon waren 1998 gerade 28 berufen.

Erst etwa ab 2000 erfolgte dann ein Paradigmenwechsel der Landesregierung: Der Stellenwert von Wissenschaft und Forschung stieg, die ausstehenden Professuren konnten besetzt werden, und mit dem Überlastprogramm gab es plötzlich etwas Neues, Wichtiges, was wir lange nicht hatten: Entwicklungsmöglichkeiten, einen Entwicklungskorridor, den wir sehr entschlossen genutzt haben. Dazu kamen Planungssicherheit mit einem Hochschulpakt 1 und 2, definitiv zwar nie eine opulente, sondern immer eine brandenburgisch-karge Situation, aber mit Planungssicherheit und Entwicklungsmöglichkeiten. Unser Gründungssenat hat uns auch noch etwas sehr wichtiges mitgegeben: ein prägnantes Profil. dazu heißt es in dem immer wieder lesenswerten Bericht des Gründungssenates: Zielvorstellung war es, vier Fachbereiche inhaltlich miteinander zu verknüpfen, insbesondere durch den grünen Faden, der sich letztlich durch alle Aktivitäten hindurchzieht.

Bei diesem grünen Faden haben wir es dann nicht belassen, sondern ihn systematisch zu einem trennscharfen Profil ausgebaut: Wir behandeln hier die Zukunftsfragen des ländlichen Raumes und seiner nachhaltigen Entwicklung, seine Inwertsetzung. Wir hinterfragen, wie sich Landwirtschaft, Forstwirtschaft, Naturschutz und Tourismus, wie sich die Entwicklung von Kleinen und Mittleren Unternehmen in der Region mit Fragen des Globalen Wandels, mit den wichtigen Zukunftsfragen von Demografie bis Klimaanpassung, Biodiversität bis Bioenergie vereinbaren lassen.

Unsere Umbenennung im März 2010 in Hochschule für nachhaltige Entwicklung Eberswalde (FH) war ein zunächst stark diskutierter konsequenter Schritt, und obwohl wir nach Umfragen von UTOPIA. de die grünste Hochschule Deutschlands sind, können wir sagen: Längst ist das Thema Nachhaltigkeit bei uns aus dem klassischen grünen Bereich heraus, und wir setzen es auch intern um. Und damit haben wir einen gewaltigen Vorteil: Wir waren und sind attraktiv für Überzeugungstäter, bei Hochschullehrern, Studierenden, Mitarbeitern. Wir holen qualifizierte junge Leute nach Brandenburg, und das wegen unseres Profils. Und wir könnten noch viel mehr holen. Unsere Leistungen können sich sehen lassen: Derzeit 16 akkreditierte Studiengänge Bachelor – und Masterstudiengänge, ein gemeinsames Graduiertenkolleg mit der Uni Potsdam, bald 4 000 Absolventen – bei intensiver Betreuung und hohen Erfolgsquoten.

Bei uns beginnen überdurchschnittlich viele Studierende aus den sogenannten bildungsfernen Bereichen, aber wir heben dabei keinen durchs Studium. Ein Ausdruck davon ist die höchste Förderquote unter allen FHs Deutschlands bei der renommierten Studienstiftung des Deutschen Volkes. Wussten Sie übrigens, dass wir zum Start des bundesweiten Stipendien-Programms für begabte Studierende im Herbst 2011, dem Deutschland-Stipendium, deutschlandweit zu den drei Hochschulen gehörten, die mehr Stipendien eingeworben haben als die Quote des Bundesministeriums für Bildung und Forschung (BMBF) erlaubte?

Wichtig ist für uns die anwendungsorientierte Forschung. Sie schafft die Erdung unserer Hochschule, unserer Hochschullehre, immer in Kooperation mit dem Landkreis und den Kommunen, mit großen und kleinen Unternehmen und mit Forschungseinrichtungen. Unsere Forschung wird im Wesentlichen durch Drittmittel finanziert. Wir gehören zu den forschungsstärksten Fachhochschulen Deutschlands. Aus alledem resultiert Kompetenz und Wirksamkeit, die auch zunehmend in der Politikberatung gefragt ist, die wir aber auch ungefragt dort einbringen, wo wir es für richtig und nötig halten. Das geschieht z. B. in zahlreichen Beiräten auf Landes- und kommunaler Ebene.

Sie sehen das Gesamtbild einer kleinen und leistungsstarken Hochschule mit über 250 hoch motivierten Mitarbeiterinnen und Mitarbeitern, davon 54 Professorinnen und Professoren, fast 2 000 Studentinnen und Studenten. Eine Hochschule, die sich gewiss nicht im Selbstlauf entwickelt hat, sondern die Mitarbeiter, Studenten und Studentinnen und alle Kooperationspartner in den letzten 20 Jahren gemeinsam aufbauen konnten. Eine Hochschule mit brandaktuellen Themen, die nicht nur regional, aber bestimmt auch für Brandenburg hoch wirksam ist.

Ich wünsche Ihnen eine erbauliche Lektüre und spannende Einblicke in Tradition und Moderne am Hochschulstandort Eberswalde.

Prof. Dr. habil. Wilhelm-Günther Vahrson
Präsident der Hochschule für
nachhaltige Entwicklung Eberswalde (FH)

INHALT

OLD FOREST ACADEMY – *From today's point of view, it is hard to imagine that the former Eberswalde Höhere Forstlehranstalt for a long time consisted of only this one building: the Old Forest Academy, which was erected in 1793 as the residence of hardware manufacturer David Schickler. At that time, the building had two storeys. In 1830, the Höhere Forstlehranstalt moved from Berlin to its new headquarters in Eberswalde. Between 1865 and 1913, the house also had an annex. The director's private apartment was upstairs. Downstairs were lecture rooms, the library and also administrative offices. In 1913, the top floor was removed and a portico was added to the facade. From then on, several dendrological collections have been stored here.*

Aus heutiger Sicht ist schwer vorstellbar, dass die damalige Höhere Forstlehranstalt lange Zeit nur aus diesem einen Gebäude bestand: Die Alte Forstakademie wurde 1793 als zweigeschossiges Wohnhaus für den Eberswalder Eisenwarenfabrikanten David Schickler errichtet. 1830 erhielt die aus Berlin verlegte Höhere Forstlehranstalt hier ihren Sitz. Zwischen 1865 und 1913 existierte noch ein seit-licher Erweiterungsbau. In der oberen Etage hatte der Direktor seine Privatwohnung. Unten fand der Unterricht statt, war der Bibliotheksbestand untergebracht und befand sich die Verwaltung. Im Jahr 1913 wurde ein Stockwerk abgetragen und die Fassade mit einem Säulenportal umgestaltet. Fortan lagerten hier diverse forstbotanische Sammlungen.

NEW FOREST ACADEMY – Facing the cramped conditions in the (Old) Forest Academy, the new director Bernhard Danckelmann, soon after taking office in 1866, understood that a modern building was needed. It still took some years until his demand was heard by the man in charge, Otto von Hagen. From 1873 to 1876, a new Forest Academy was finally erected as a representative three-story brick structure. There was room for four lecture halls, laboratories and the Forest Academy's extensive collection including woody plants. After the forced shut down of the Forest Academy in 1963, the German Entomological Institute specializing in insect research was moved here. The renovation of the building, which was completed in the summer of 2011, on the one hand preserves the historical character of the building but on the other hand meets 21st century academic needs.

Angesichts der beengten Verhältnisse in der (Alten) Forstakademie wurde dem neuen Direktor Bernhard Danckelmann nach seinem Amtsantritt 1866 rasch klar: Ein Neubau musste her. Es sollte jedoch noch einige Jahre dauern, bis seine Rufe von dem zuständigen Oberlandforstmeister Otto von Hagen erhört wurden. Ein neues Forstakademie-Gebäude entstand schließlich als repräsentativer dreigeschossiger Ziegelsteinbau zwischen 1873 und 1876. Vier Hörsäle, Laborräume und die umfangreichen Sammlungen der Forstakademie mit Gehölzen sollten darin Platz finden. Nach dem erzwungenen Ende des Eberswalder Lehrbetriebes im Jahr 1963 fand mit dem Deutschen Entomologischen Institut (DEI) die Insektenforschung hier Platz. Bis zum Sommersemester 2011 wurde das Haus so saniert, dass der historische Charakter erhalten blieb, die Nutzung aber an die Erfordernisse des 21. Jahrhunderts angepasst wurde. Davon profitiert heute vor allem der Fachbereich Landschaftsnutzung und Naturschutz, aber auch der Career Service und die IT-Abteilung.

NEW LIBRARY – It's not that long ago that the library stock slumbered in the university's yellow administration building. The renowned Swiss architecture firm Herzog & de Meuron designed the new modernist cubic building which was erected only a few metres away and inaugurated in 1999. Artist photographer Thomas Ruff created the facade elements with historical motifs. By using a kind of silk-screen method, he applied recurring images on glass and concrete. The library holds a large range of specialized current books, scientific periodicals and magazines, rare prints and maps. The heart of the library is still the collection of founding director Wilhelm Pfeil, who in his day sold his 900-volume private library to the Academy.

Es ist noch nicht lange her, da schlummerten die Bibliotheksbestände der Eberswalder Hochschule im gelben Verwaltungssitz. Der modernistische, quaderförmige Bau wenige Meter weiter wurde von dem renommierten Schweizer Architekturbüro Herzog & de Meuron entworfen und 1999 eingeweiht. Die Fassadenelemente mit historischen Bildmotiven gestaltete Fotokünstler Thomas Ruff. Mit einer Art Siebdruckverfahren ließ er die sich wiederholenden Bilder auf Glas und Beton aufbringen. Heute steht den Studierenden und Wissenschaftlern eine einzigartige Spezialbibliothek mit aktuellen Büchern und wichtigen fachbezogenen Zeitschriften zur Verfügung, außerdem sind etliche historische Drucke und umfangreiches Kartenmaterial vorhanden. Den Kern bildet nach wie vor die Sammlung des Gründungs-Akademieleiters Wilhelm Pfeil, der seinerzeit seine rund 900 Bände umfassende Privatbibliothek an die Lehranstalt verkaufte.

DEPARTMENT OF BUSINESS – In addition to the new University Library, the Basel-based architects Jacques Herzog and Pierre de Meuron designed a seminar building for the Department of Business. The red brick building was completed in 1998. It attracts students, professors as well as many visitors also because the dining hall offers delicious lunches here. With these two buildings the Swiss architects not only managed to complete the town campus. Also, the Eberswalde town centre received a new face. Even in the early years after reunification the so-called "Chemistry-Shack" could be seen from Friedrich-Ebert-Straße – a shabby workshop testifying just how much the urban development of the town center had been neglected after the devastations of World War II.

Die Baseler Architekten Jacques Herzog und Pierre de Meuron gestalteten außer dem Bibliotheksneubau ein Seminargebäude, das den wirtschaftswissenschaftlichen Fachbereich beherbergen sollte. Der rote Klinkerbau wurde 1998 fertiggestellt und ist für Lernende, Lehrende und so manchen berufstätigen Nicht-Hochschulangehörigen noch aus einem anderen Grund interessant: Hier lockt die Mensa zum Mittagstisch. Mit den beiden Neu-

bauten gelang es den Schweizer Architekten nicht nur den Stadtcampus zu komplettieren, auch die Eberswalder Innenstadt bekam damit ein neues Gesicht. Noch in den ersten Nachwendejahren stand an der Friedrich-Ebert-Straße die „Chemie-Baracke" – ein dürftiger Werkstattbau, der Zeugnis davon ablegte, wie sehr das Stadtzentrum städtebaulich seit den Zerstörungen des Zweiten Weltkrieges vernachlässigt worden war.

AUDITORIUM – It is the university's so-called 'state parlour', i.e. the auditorium in house number six, the administrative building located on the town campus. Little of its interior decoration, consisting of wood paneling and coffered ceiling, has been changed. Whenever distinguished visitors pay a visit to their Alma Mater in Eberswalde, they can be sure to be asked to give a short speech in this dignified room. A few days every winter, the Brandenburg Tour of Ecological Films (Ökofilmtour) starts here with a documentary film programme and panel discussions.

Es ist die „gute Stube" der Hochschule: Die Aula in Haus sechs auf dem Stadtcampus, dem Verwaltungsbau. An dem Ambiente mit Holzvertäfelung und Kassettendecke hat sich nur wenig verändert. Wann immer hohe Gäste der Eberswalder Alma Mater einen Besuch abstatten, können sie gewiss sein, dass sie in diesem altehrwürdigen Raum um eine kleine Ansprache gebeten werden. Die Brandenburger Ökofilmtour gastiert hier in jedem Winter mit einem Dokumentarfilmprogramm und Podiumsdiskussionen. Neben Studierenden kommen auch Einwohner der Stadt zu den Vorführungen.

ALTE FORSTAKADEMIE MIT PARK

OLD FOREST ACADEMY WITH PARK – The people of Eberswalde remember Bernhard Danckelmann (1831–1901), well-regarded and long-time director of the Forest Academy, with a memorial. In 1905, it was unveiled in the Park am Weidendamm before it was temporarily placed in the Dendrological Garden. The statue has now returned to its original location, where between classes contemporary students often rest in its shade. The current town campus's location marks the former vibrant center of the town of Eberswalde. In parts of present-day Park am Weidendamm, which can be seen in the foreground, there were residential buildings until World War II.

Ihrem großen und langjährigen Lehranstalts-Direktor Bernhard Danckelmann (1831 – 1901) haben die Eberswalder ein Denkmal gesetzt. Es wurde 1905 im Park am Weidendamm enthüllt, es stand zwischenzeitlich im Forstbotanischen Garten. Inzwischen ist es wieder an seinem ursprünglichen Ort angekommen, wo sich heute häufig Studenten unter seinem Schatten zwischen zwei Vorlesungen mit Büchern niederlassen. Das Areal, auf dem der Campus liegt, markierte einst das belebte Herz des Stadtzentrums. Teile des heutigen Parks am Weidendamm, der im Vordergrund zu sehen ist, waren bis zum Zweiten Weltkrieg bebaut.

DEPARTMENT OF LANDSCAPE MANAGEMENT AND NATURE CONSERVATION – *Between 1928 and 1929, the large building on Friedrich-Ebert-Straße was erected for the Forest Academy's Wood Research Institute. The consequent orientation towards materials science reflects the time's technological situation with issues such as wood preservation or the use of sawdust and resin becoming increasingly important for the industry. The Institute of Soil Science was allowed to move on one floor. Today, the Department of Landscape Management and Nature Conservation is located in the building. Extensive renovation work on the building is supposed to be completed by the end of 2013.*

Das ausladende Gebäude an der Friedrich-Ebert-Straße wurde zwischen 1928 und 1929 als Standort des Holzforschungsinstitutes der Forstlichen Hochschule erbaut. Die damit verbundene Hinwendung zur Materialwissenschaft spiegelt den technischen Stand der Zeit wieder, denn Fragen zum Beispiel der Holzkonservierung oder der Nutzung von Sägemehl und Harz gewannen für die Industrie zunehmend an Bedeutung. Das Institut für Bodenkunde erhielt eine Etage zugesprochen. Heute hat der Fachbereich Landschaftsnutzung und Naturschutz seinen Sitz in dem Haus an der Friedrich-Ebert-Straße. Ende 2013 werden die umfangreichen Sanierungsarbeiten am Gebäude vollendet sein.

PRESIDENTIAL BUILDING – *The two Forest Academy buildings, which were finished in the 1870s, completed the university's look for the coming decades. In 1912, an extension was erected, the so-called 'Yellow House'. It was designed to accommodate the library, the auditorium, the president's offices and the administration. There was also room for the Seed Testing Laboratory. In 1922, the Academy reached a preliminary climax. By then, it had been transformed into a university and had been granted the right to administer doctorate degree programmes. After the Second World War, the Forest Academy again became part of the University of Berlin. In 1963, academic glory disappeared for many decades when Forestry Studies were relocated to the town of Tharandt in Saxony. However, the building continued to be used by the administration and as a library.*

Mit den beiden Forstakademie-Bauten sollte die Lehranstalt ab den 1870er Jahren für die nächsten Jahrzehnte ihre Gestalt gefunden haben. 1912 entstand das „Gelbe Haus" als Erweiterung. Es sollte die Bibliothek, die Aula sowie die Räume des Direktors und der Verwaltung beherbergen. Auch die Samenprüfungsanstalt fand darin Platz. Mit der Umwandlung in eine Hochschule und der Übertragung des Promotionsrechtes im Jahr 1922 hatte die Eberswalder Institution einen Höhepunkt erreicht. Nach dem Zweiten Weltkrieg kehrte die Forstakademie unter das Dach der Berliner Universität zurück. Als 1963 die universitäre Lehre im Bereich der Forstwirtschaft in Eberswalde geschlossen und komplett in das sächsische Tharandt verlegt wurde, war es für Jahrzehnte vorbei mit der universitären Pracht. Der Sitz diente auch ohne Hochschulrektor weiter der Verwaltung und als Bibliothek.

TOWN CAMPUS – Located in the heart of Eberswalde, the town campus attractively comprises old as well as new structures. All buildings have been numbered one to seven by the university. Centre right: house number one, the former Institute for Soil Science and Wood Research; beneath the Department of Business, behind the coach house with the university's HR Department. In centre right location: house number four – the Old Forest Academy. The grand construction, with rudimentary side wings is the New Forest Academy. There used to be a connecting passage from there to the old library and the administration building with the president's office. Top right: house number seven: the new library building. Bottom left: this large corner house has never been part of the Academy or the University. Looking at this historical postcard with its numerous towering chimneys one can imagine Eberswalde's industrial past.

Der Stadtcampus ist als Ensemble aus Alt- und Neubauten in das Zentrum von Eberswalde eingebettet. Hier sind alle Häuser, im internen Gebrauch von eins bis sieben durchnummeriert, zu sehen: rechts in der Mitte Haus eins, das ehemalige Institut für Bodenkunde und Holzforschung. Darunter befindet sich der Fachbereich Nachhaltige Wirtschaft, dahinter die Remise der Personalabteilung. Rechts in der Mitte steht Haus vier – die Alte Forstakademie. Der wuchtige Bau mit angedeuteten Seitenflügeln ist die Neue Forstakademie, über einen Verbindungsgang war von dort bis zum Umbau 2010/11 die alte Bibliothek mit dem Präsidialbereich zu erreichen. Haus sieben am oberen rechten Bildrand ist der Bibliotheksneubau. Das Eckhaus links unten war nie Teil der Forstakademie oder der Hochschule. Die Postkarte lässt mit den zahlreichen hoch aufragenden Kaminen den Charakter Eberswaldes als Industriestadt erahnen, der noch bis zur Wendezeit vorherrschend war.

HORN PLAYERS – *What would hunting be without horn players performing their typical Halali? The Wind Ensemble of the university looks back at a long tradition. Still today, at special festive occasions, talented students play the horn and other brass instruments. Even though there are significantly fewer players than a few decades ago, they still know the traditional poses with one hand resting at the waistline and the head thrown back. Also, the repertoire of the Eberswalde horn players has not been changed.*

Was wäre die Jagd ohne ein Hornbläserensemble, das mit markigen Posen zum Halali bläst, während die Waidmänner ihre Beute zur Strecke bringen. Das Bläserensemble der Eberswalder Forstlehranstalt blickt auf eine lange Tradition zurück. Bei besonderen festlichen Anlässen stoßen auch an der HNE nach wie vor musikalisch kundige Studierende ins Horn. Es sind zwar deutlich weniger als noch vor Jahrzehnten, aber die stilechte Pose mit an die Taille gelegter Hand und in den Nacken zurückgeworfenem Kopf sitzt nach wie vor, und auch bei der Auswahl des Repertoires sind die Eberswalder Hornbläser sich treu geblieben.

UNIVERSITY SPORTS – A glance at the chronicles of the Forest Academy reveals that as early as in 1930 an academic PE instructor taught weekly gymnastics and athletics classes. Near the Dendrological Garden were tennis courts, on the Oder-Havel Canal students could work out in a rowboat called "Horridoh" and every summer a competitive academic sports festival was held. At Eberswalde University physical education still enjoys high popularity. In 2001, the 'Friends of University Sports Association' was founded. For a small admission charge, all students can become members. Today, there is a wide range of sports, such as badminton, kayak paddling and Wu Tao on offer.

Ein Blick in die Chroniken der Forstakademie verrät, dass dort bereits im Jahr 1930 ein akademischer Turnlehrer wöchentliche Turnabende und leichtathletische Übungen angeleitet hat. Am Forstgarten befanden sich Tennisplätze, das Ruderboot „Horridoh" lud auf dem Oder-Havel-Kanal zum Verausgaben ein und in jedem Sommer wurde ein akademisches Sportfest gefeiert. Auch an der Nachfolgeeinrich-

tung HNE genießt die Leibesertüchtigung einen hohen Stellenwert. Im Jahr 2001 wurde der Förderverein Hochschulsport e. V. gegründet, in dem jeder Student gegen einen geringen Obolus Mitglied werden kann. Das Angebot reicht heute von Badminton über Kajak-Paddeln bis zu Wu Tao. Beim Fußball und in anderen Teamsportarten spielen Frauen und Männer auch in gemischten Mannschaften.

IN THE LIBRARY – The days of the card catalogue are over. This new, three-storey library building with a straightforward on-line catalogue and walk-in stack room makes finding literature easy. Students, who can personally select the literature they need, often also discover related publications on the shelves, which may have remained unnoticed when solely conducting internet searches. There are about 120 seats in the reading room, inviting students to browse through the books they found right here.

Zettelkasten war gestern. Der dreigeschossige Bibliotheksneubau erleichtert die Literaturrecherche mit einem intuitiv zu bedienenden Online-Katalog – und vor allem mit einem begehbaren Magazin. Denn wer die Freiheit hat, bei der Auswahl der Bände persönlich an die Regale zu treten, entdeckt dabei oft artverwandte Publikationen im Nachbar-Regal, die bei einer Internet-Recherche vielleicht verborgen geblieben wären. Rund 120 Leseplätze laden dazu ein, sich gleich an Ort und Stelle durch die Fundstücke zu wühlen.

PC STUDY ROOMS – By now, many students can access the internet with their mobile phones. But this constant availability does not make redundant the university's PC study rooms where students can do research for term papers and edit the- ses or prepare presentations in a peaceful environment. The IT service centre staff offer advice and support and provide spe- cialized software solutions for downloading. Residents of the student dormitories can apply for free broadband connections.

Internet haben mittlerweile viele HNE-Studenten auf ihrem Mobiltelefon. Doch die allgegenwärtige Vernetzung macht noch längst nicht PC-Arbeitsräume überflüssig, in denen die Studierenden in Ruhe recherchieren und an ihren Semester- und Abschlussarbeiten tüfteln oder sich auf Referate vorbereiten können. In den Rechnerräumen finden sich zahlreiche Arbeitsplätze für diese Zwecke, in denen die Studierenden auch Dokumente ausdrucken können. Das hochschuleigene IT-Servicezentrum steht mit Rat und Tat zur Seite und bietet auch spezielle Software-Lösungen zum Download an. Bewohner der Eberswalder Studentenwohnheime erhalten übrigens auf Antrag einen kostenfreien DSL-Anschluss.

TRAIN STATION – Generations of forestry students have seen Eberswalde station as the gateway to a highly specialized academic location. Especially since the re-establishment of the university in 1992, many students use Eberswalde's nearby suburb of Berlin to combine the best of two worlds: on the one hand, unspoilt nature in the Biosphere Reserve Schorfheide Chorin with its vast forest areas and concentrated studies at the Alma Mater and on the other hand, vibrant city life with many cultural attractions. Both worlds are only about half an hour away from each other by train.

Für Generationen von Forststudenten war der Bahnhof Eberswalde nun schon das Tor zu einem hochspezialisierten Studienort. Insbesondere seit der Neugründung 1992 nutzen viele Studenten das nahe Berlin, um zweierlei miteinander zu verbinden: zum einen die Natur der Schorfheide mit ihren ausgedehnten Waldgebieten und einer konzentrierten Lernatmosphäre am Standort der Alma Mater. Zum anderen ein pulsierendes Großstadtleben mit vielen kulturellen Angeboten. Beides nur eine gute halbe Zugstunde voneinander entfernt.

CAMPUS GARDEN – *Still today, the Old Forest Academy houses lecture halls. The dignified, old building shapes the town's appearance. Nevertheless it has long since lost its once great importance for forestry studies. At the heart of the town campus, an idyllic biotope nowadays attracts attention. Modern-day Friedrich-Ebert-Straße at the northern end of the campus was formerly known as Neue Kreuzstraße. After the war, a number of destroyed buildings on its western end were not rebuilt. Meanwhile, life here has once again become significantly busier – thanks to the new university buildings. Furthermore, the town of Eberswalde plans to fill remaining vacant lots soon.*

Die Alte Forstakademie beherbergt noch heute Seminar- und Vorlesungsräume. Als geschichtsträchtiger Bau prägt sie das Stadtbild. Doch die einst so große Bedeutung für die forstliche Lehre hat das Haus längst eingebüßt. Im Mittelpunkt des Stadtcampus sorgt heute ein kleines Biotop für idyllische Anblicke. Die Friedrich-Ebert-Straße am nördlichen Ende des Campus hieß früher Neue Kreuzstraße. Nach dem Krieg wurde eine Reihe von zerstörten Gebäuden an ihrem westlichen Ende nicht wieder aufgebaut. Inzwischen geht es hier aber deutlich belebter zu – nicht zuletzt dank der Hochschul-Neubauten der Nachwendezeit. Pläne der Stadtpolitik sehen zudem vor, dass die verbleibenden Baulücken bald geschlossen werden könnten.

LECTURE HALLS – When the newly founded University of Applied Sciences opened for the summer semester of 1992, only 45 students formed the first forestry class. The university's predecessor, the Prussian Academy of Forestry, had in its heyday low three-digit numbers of students in similar classes. With the increase in student numbers in the 1990s, new and larger lecture halls were needed. The most important ones are in the new building for the Business Department on the town campus and on the forest campus in the so-called Pfeil-Auditorium. Often, all seats are taken because currently almost 2,000 students are enrolled at the University with its four departments and 16 study programmes.

Lediglich 45 Studierende gehörten dem ersten Forstwirtschafts-Matrikel vom Sommersemester 1992 an, mit dem die neugegründete Fachhochschule ihren Lehrbetrieb aufnahm. Zu den Glanzzeiten der Vorgängereinrichtung, der preußischen Forstakademie, waren es niedrige dreistellige Zahlen von Kommilitonen, die in Eberswalder Hörsälen die Bank drückten. Mit dem Anstieg der Studierendenzahlen wurden seit den 1990er Jahren neue und größere Hörsäle nötig. Die wichtigsten befinden sich im Neubau des Wirtschaftswissenschaftlichen Fachbereichs auf dem Stadtcampus und auf dem Waldcampus im Pfeil-Auditorium. Häufig sind die Ränge bis auf den letzten Platz besetzt, denn in der Eberswalder Hochschule sind derzeit fast 2 000 Studierende immatrikuliert, die sich auf vier Fachbereiche und 16 Studiengänge verteilen.

FOREST CAMPUS – In Eberswalde, prospective Wood Science as well as Forest experts study 'the forest' directly in forests or with samples from forests. The forest campus in Alfred-Möller-Strasse lies on the outskirts of town and is home to the Forest and Environment Department as well as to the Department of Wood Science and Technology. Here, there are seminar rooms and offices, wood workshops, a dining hall and a wood chip heating facility At this location there are also the Landeskompetenzzentrum Forst (LFE), the von Thünen Institut (vTI) as well as the Materialprüfungsanstalt Brandenburg GmbH (MPA), all of which cooperate closely with the university.

In Eberswalde studieren angehende Holz- und Forstexperten den Wald direkt am Untersuchungsgegenstand. Der Waldcampus an der Alfred-Möller-Straße liegt am Rande der Stadt und beherbergt die beiden Fachbereiche Wald und Umwelt sowie Holztechnik. Hier finden sich Seminar- und Büroräume, Holzwerkstätten, eine Mensa und eine Holzhackschnitzelheizung zur Wärmeversorgung. An dem Standort haben auch das Landeskompetenzzentrum Forst (LFE) und die Materialprüfungsanstalt Brandenburg GmbH ihren Sitz, welche beide eng mit der HNE zusammenarbeiten.

DEPARTMENT OF FOREST AND ENVIRONMENT –
The Department of Forest and Environment moved into this seminar and laboratory building on the forest campus in 1994. Back then, it was a grey, sober-looking functional structure. Today, the renovated building has a decorative wooden facade and a modern thermal insulation. Like all four departments, it started out with a single study programme only. Presently, in addition to the BA programme in forestry, there are other BA and MA degree programmes to choose from. They all focus on the forest as an ecosystem or the use of modern information technologies in forest management. The most recent degree programme is an English language MA programme called 'Global Change Management'. It aims at enabling graduates to find innovative solutions for the problems of climate change and other environmental changes in their professional careers.

Das Ausbildungs- und Laborgebäude der Forstwirtschaft auf dem Waldcampus wurde 1994 von der Fachhochschule bezogen. Damals war es noch ein nüchterner Zweckbau in Grautönen. Seit seiner Sanierung ziert dieses Haus eine Holzfassade, zudem wurde der Bau energetisch modernisiert. Wie alle vier Fachbereiche an der Eberswalder Hochschule startete der Fachbereich Wald und Umwelt zunächst mit nur einem einzigen Studiengang. Heute stehen neben dem Bachelor-Studiengang Forstwirtschaft noch weitere Bachelor- und Masterstudiengänge auf dem Programm, die die Betrachtung des Waldes als Ökosystem oder den Einsatz moderner Informationstechnologien in der Waldwirtschaft zum Gegenstand haben. Jüngstes Glied in der Angebotspalette ist der englischsprachig gelehrte Masterstudiengang Global Change Management, der die Absolventen befähigen soll, in ihrem beruflichen Wirken nach neuen Lösungen auf Klimawandel und sonstige Umweltveränderungen zu suchen.

Jagdschloss Hubertusstock.

Eberswalde.

Weidmanns Heil

Hagendenkmal.

Forstakademie.

Casino vom deutschen Hause.

"WEIDMANNS HEIL" – With its consistent focus on sustainability in research and teaching, the University of Sustainable Development is ahead of its time. However, the university's tradition of educating foresters and hunters remains ever-present. Stylized horns or trophies such as antlers on display are the signature of a proud profession, still noticeable on both campuses. For example, in the so-called 'Antler Room' in the training and laboratory building of the Department of Forest and Environment. From a 21st century point of view, such traditionalist symbols may seem like ironic references to times gone bye. Yet, with regard to the perception of the university and the way teaching is conducted here, their importance has stood the test of time.

Mit einem konsequent an der Nachhaltigkeit orientierten Lehr- und Forschungsprofil ist die HNE ihrer Zeit voraus. Dabei ist die Tradition als Ausbildungsstätte der Förster und Jäger stets allgegenwärtig – nicht nur aufgrund der forstwirtschaftlichen Ursprünge des Nachhaltigkeitsgedankens. Stilisierte Jagdhörner oder Trophäen wie das zur Schau gestellte Hirschgeweih gehören zu den Signaturen eines stolzen Berufsstandes. Noch immer sind sie an vielen Orten an beiden Standorten der Hochschule spürbar. So etwa im Geweihzimmer des Ausbildungs- und Laborgebäudes der Forstwirtschaft auf dem Waldcampus. Im Alltag des 21. Jahrhunderts mag solche traditionalistische Symbolik wie ein ironisch gemeintes Zitat wirken. Ihre Bedeutung für Selbstverständnis und gelebte Lehrpraxis der HNE hat diese Vergangenheit deshalb aber nicht verloren.

CARPENTRY – Studying Wood Science and Technology is for a large part also a craft challenge. Future professionals with leadership qualities must prove themselves at working with wood shapers and other equipment for wood processing. In seminars, students learn how to produce components with computerized control systems in such precise ways that functional vehicles may be assembled. Thus, students can stand the test with any experienced joiner or carpenter and incidentally create some innovative devices.

Ein Studium der Holztechnik ist nicht zuletzt eine handwerkliche Herausforderung. Die angehenden Fachleute mit Führungskompetenz lernen in Eberswalde praxisbezogen und müssen sich selbst an Fräse und anderen Geräten zur Holzbearbeitung bewähren. In den Seminaren lernen sie unter anderem mit computergesteuerter Technik Bauteile so präzise anzufertigen, dass komplett funktionstüchtige Fahrzeuge entstehen. Damit können sie sich vor jedem erfahrenen Tischler oder Zimmermann sehen lassen – und nebenbei entsteht so manche innovative Kreation.

TECHNIKUM – In Eberswalde, the processing and analysing of timber and wood have always been performed under state-of-the-art conditions. Much has changed in recent years. Due to an increased demand for environmentally friendly materials, wood has become a high-tech resource. A significant part of research done in Eberswalde focuses on wood and timber processing. Nowadays, intricate wooden components are produced by using computerized control systems. One of the university's workshops, the so-called Technikum on the forest campus, is equipped with numerous large machines, such as a high-precision five-axis CNC milling machine as well as machines for engineered wood and solid wood processing.

Die Bedingungen, unter denen Holz bearbeitet und untersucht wurde, waren in Eberswalde immer auf dem technischen Stand der Zeit. In der jüngeren Vergangenheit hat sich einiges bewegt. Durch die gestiegene Nachfrage nach umweltverträglichen Werkstoffen ist Holz zur High-Tech-Ressource geworden; ein beträchtlicher Anteil der Forschung in Eberswalde beschäftigt sich mit der Holzverarbeitung. Filigrane Bauteile aus Holz werden heute per Computersteuerung bearbeitet. Im Technikum auf dem Waldcampus stehen dafür zahlreiche Großmaschinen zur Verfügung: eine hochpräzise Fünf-Achs-Labor-CNC-Fräse und Maschinen zur Holzwerkstoff- und Massivholzbearbeitung.

FOREST CAMPUS – On today's forest campus, the semicir cular Wilhelm-Pfeil-Auditorium catches every visitor's eye. Outside, its striking wooden façade as well as its abundance of seats and modern technical teaching equipment inside are remarkable. The history of the forest campus's location dates back to the 1950s. In 1953, the laying of the foundation stone for the main building took place, today's seat of Landeskompetenzzentrum Forst Eberswalde (LFE).

Auf dem Waldcampus sticht heute vor allem das halbrunde Wilhelm-Pfeil-Auditorium ins Auge. Äußerlich hebt es sich durch seine Naturholzfassade ab, im Inneren durch jede Menge Sitzplätze sowie moderne technische Ausstattung für den Lehrbetrieb – denn auch zupackende Holztechnik-Studierende müssen hin und wieder von der Werkbank in die Vorlesung wechseln. Die Vergangenheit des Standortes Waldcampus reicht in die 1950er Jahre zurück. 1953 wurde der Grundstein für das Hauptgebäude gelegt, in dem heute das Landeskompetenzzentrum Forst Eberswalde (LFE) seinen Sitz hat.

WOOD CHIP HEATING – *An effective wood chip heating facility supplies the thermal energy for the buildings on the campus forest. Thus, sawdust and wooden scrap from the nearby carpentry and the Technical Laboratory can be sensibly and conveniently used. The heat for the Dendrological Garden is generated in a wood pellet heating facility. This illustrates that the concept of sustainability is not only taught and researched here, it is a way of life. In November 2010, the university's environmental management was honoured by the European Union in Brussels with its EMAS Award.*

Die Wärmeenergie zum Unterhalt der Gebäude auf dem Waldcampus wird aus einer effizienten Holzhackschnitzelheizung gewonnen. Sägespäne und Verschnitt aus den studentischen Werkarbeiten in der Tischlerei und im Technikum werden so an Ort und Stelle weiterverwertet. Der Wärmebedarf am dritten Hochschulstandort, dem Forstbotanischen Garten, wird aus einer Holzpelletheizung bestritten. Die konsequente Orientierung an der Nachhaltigkeit betrifft also nicht nur Lehrinhalte und Forschung, sie ist gelebte Realität. Im November 2010 ist die Hochschule in Brüssel für ihr Umweltmanagement mit dem EMAS-Award der EU ausgezeichnet worden.

TREE SURVEYS – *Surveying trees is an important task of forest management. Also with regard to sustainable forest management, trunk girths and wood quality are measured to determine possible harvests. In accordance with this approach radical clear-cutting of individual areas does not take place. Rather, forests as organisms are supposed to be kept in a lasting healthy balance. By the way, at the beginning of the 20th century, forest scientist Alfred Möller (1860–1922) developed this scientific concept of permanent forests in Eberswalde. Still today it is used in international research and teaching. The concept of permanent forests presented a radical break with the former, agriculturally-based approach of forest management and it needed decades to prevail.*

Das Erfassen der Bestände ist eine wichtige Aufgabe in der Forstwirtschaft. Zur Bestimmung möglicher Erträge werden auch bei nachhaltiger Bewirtschaftungsweise die Stammumfänge und die Qualität des Holzes erfasst. Einen radikalen Kahlschlag einzelner Flächen gibt es nach diesem Ansatz nicht; der Organismus Wald soll kontinuierlich in einem gesunden Gleichgewicht gehalten werden. Das wissenschaftliche Konzept für eine solche Bewirtschaftungsweise wurde übrigens am Beginn des 20. Jahrhunderts in Eberswalde ersonnen: Der Forstwissenschaftler Alfred Möller (1860 – 1922) entwickelte hier seine Idee des Dauerwaldes, an dem sich die internationale Lehre und Forschung noch heute orientiert. Der Dauerwaldgedanke stellte einen radikalen Bruch mit der damaligen, an der Landwirtschaft orientierten Vorstellung von Forstwirtschaft dar und sollte sich als Standard erst nach Jahrzehnten durchsetzen. Der Standort einzelner Bäume wird heute mit GPS-Geräten bestimmt.

STUDENTISCHES PICKNICK

STUDENTS' PICNIC – Huntsmen dressed in green with hats and heavy shoes, eating hearty meals around campfires – that might be the cliché image of everyday life in a forestry institute. In fact, there were times when students from Eberswalde enjoyed going hunting on nearby hunting grounds between their lectures. Today, romantic picnics in the countryside are still rather common during the summer months, but student life styles in Eberswalde have become very similar to those on other campuses.

Grünberockte Waidmänner mit Hut und schwerem Schuhwerk, dazu eine deftige Brotzeit am Lagerfeuer – so mag sich der Laie klischeehaft den Alltag an einem Forstinstitut vorstellen. Tatsächlich gab es Zeiten, in denen die Eberswalder Studenten zwischen ihren Vorlesungen gerne in den umliegenden Revieren auf die Jagd gingen. Lauschige Picknicks im Grünen finden in den Sommermonaten immer noch häufig statt, aber die Gebräuche der Nachwuchsakademiker haben sich inzwischen denen anderer Hochschulstandorte angeglichen.

DENDROLOGICAL GARDEN – *Precious plants in regional and thematic groupings can be found in the Dendrological Garden at Am Zainhammer. Visitors may feel like going on short trips to other parts of the world and different climate zones when seeing the vegetation of the Pacific region, the Alpine region, Africa or even a herb garden. Today, a little river called "Schwärze" flows past the Garden, which comprises about eight hectares of land. In total, more than 1,200 woody plants are represented here, many of them threatened with extinction. Originally, the Garden was located on the opposite side of the road. But in the 19th century it was moved to its present location.*

Im Forstbotanischen Garten am Zainhammer finden sich wertvolle Pflanzenbestände in regionalen und thematischen Gruppierungen: Die Vegetation des Pazifikraumes, der Alpenregion, Afrikas oder auch ein Kräutergarten lassen hier die Beschäftigung mit der Flora und Fauna bestimmter Klimazonen zu kleinen Ausflügen in andere Teile der Welt werden. An der heute etwa acht Hektar großen Anlage fließt das Flüsschen Schwärze vorbei. Insgesamt mehr als 1200 Gehölze sind vertreten. Nicht wenige der hier gepflegten Pflanzen sind vom Aussterben bedroht. Ursprünglich befand sich der Garten auf der gegenüberliegenden Straßenseite, doch noch im 19. Jahrhundert wurde er an seinen jetzigen Ort verlegt.

CONCERTS IN THE GARDEN - *For a long time, the Dendrological Garden was known as Pfeil'scher Garten, named after its founder Friedrich Wilhelm Leopold Pfeil, who established this spacious arboretum. It has always been a place where rigorous science could encounter the easy way of life. The townspeople treasure the Garden as a peaceful place to relax and cherish the changes in the Garden as time goes by. During GDR times, the Institute of Forestry repeatedly held parties and summer concerts here. Also today, on several evenings each summer, an open-air series of concerts and films called PurPur attracts many visitors.*

Der Forstbotanische oder Pfeil`sche Garten, wie das großzügige Arboretum am Zainhammer nach seinem Begründer Friedrich Wilhelm Leopold Pfeil lange Zeit genannt wurde, war schon immer ein Ort, an dem strenge Wissenschaft und Freizeitgestaltung aufeinander treffen. Als Naherholungsort, der sein Angesicht mehrmals im Jahr mit dem Fortschreiten der Jahreszeiten verändert, wird der Forstbotanische Garten von Einheimischen geschätzt. Zu DDR-Zeiten veranstaltete das Institut für Forstwissenschaften hier Betriebsfeste und Sommerkonzerte. Auch heute lockt in jedem Sommer die Konzert- und Filmreihe PurPur zu Open Air-Veranstaltungen in den Garten.

GARDEN TOURS – *For decades, guided tours through the Dendrological Garden have taken place – with the intention to make visitors aware of problems connected to forestry and to spark their interest in the forest habitat. This photo shows Dr Ilse Seeliger, the then director of the Dendrological Garden, on tour with a Polish delegation. Today, this philosophy remains alive in the so-called Stiftung WaldWelten which is dedicated to environmental education and the promotion of research and cultural life at this location. Experts regularly teach children about biodiversity of plant life.*

Schon vor Jahrzehnten haben fachkundige Führungen durch den Forstbotanischen Garten stattgefunden – mit dem Ziel, Besucher auf Probleme der Forstwirtschaft aufmerksam zu machen und sie für den Lebensraum Wald zu begeistern. Auf dieser Aufnahme führt Dr. Ilse Seeliger, die damalige Leiterin des Gartens, eine polnische Delegation durch die Botanik. Heute lebt dieser Gedanke unter anderem in der Stiftung WaldWelten fort, die sich der Umweltbildung und der Förderung von Forschung und kulturellem Leben an dem Standort verschrieben hat. Experten bringen Kindern im Rahmen von regelmäßigen Treffen die Vielfalt der Pflanzenwelt nahe. Der Tag der Sortenvielfalt erinnert zudem alljährlich an alte und in Vergessenheit geratene Nutzpflanzen.

FUNCTIONAL BUILDING – Today, a modern, transparent, semicircular building houses the important facilities of the Dendrological Garden. Until the 1930s, this was the location of the so-called Zainhammer Restaurant. At that time, the Waldsamenprüfanstalt moved here. Until the 1980s, a number of basic greenhouses and shacks could still be used. There was enough room for plant breeding facilities, the administration, workshops and the technical management of the Dendrological Garden. After reunification, several of these derelict buildings had to be torn down. In the summer of 1999, the striking new building was opened – with plenty of room for plant breeding, workshops and offices.

Ein modernes und transparentes Gebäude-Halbrund beherbergt heute die wichtigen Einrichtungen des Forstbotanischen Gartens. Bis in die 1930er Jahre stand hier das Zainhammer-Restaurant. In das Gebäude zog damals die Waldsamenprüfanstalt (später: Institut für Waldsamenkunde und Forstpflanzenzucht) ein. Noch in den 1980er Jahren erfüllten einfache Gewächshäuser und eine Reihe von Baracken ihren Zweck. Darin fanden neben der Pflanzenzucht auch die Verwaltung, Werkstätten und die technische Leitung des Forstgartens Platz. In den Nach-Wende-Jahren aber mussten mehrere dieser inzwischen baufälligen Gebäude geschlossen werden. Im Sommer 1999 wurde der markante Neubau eingeweiht – mit viel Platz für die Pflanzenzucht, für Werkstätten und Büros. Im Laborbereich befinden sich unter anderem ein Jahresringmesstisch, ein Körnerzählgerät zur Probenvorbereitung für Keim- und Anpflanzungsversuche und ein Trockenschrank.

GREENHOUSES – In the late 1950s, the buildings of the Institut für Waldsamenkunde und Forstpflanzenanzucht, which had been destroyed in World War II, were replaced by new greenhouses with at first 520 square metres of glazed area. Still today, greenhouses are used to cultivate seedlings for the Dendrological Garden's herb garden and its perennial beds. There is also a much-admired collection of cacti.

In den späten 1950er Jahren wurden die im Zweiten Weltkrieg zerstörten Gebäude des Instituts für Waldsamenkunde und Forstpflanzenanzucht durch Gewächshäuser mit zunächst 520 Quadratmetern verglaster Fläche ersetzt. Gewächshäuser dienen heute unverändert der Anzucht von Jungpflanzen für den Kräutergarten und bieten Platz für die Staudenbeete des Forstbotanischen Gartens. Außerdem überwintern darin nichtheimische Pflanzen, welche die kalte Jahreszeit im Freien nicht unbeschadet überstehen würden. Besucher können auch eine Kakteensammlung bewundern.

ROOT LABORATORY – *The so-called Root Cellar is an underground laboratory with ten glazed growth cabins. Thus, it becomes possible to study root growth and soil changes such as nutrient content. In dimmed lighting – because the ongoing natural processes are not to be affected by bright light – researchers spend long hours here taking soil samples and recording changes. In 1939,* *this was Europe's first Root Cellar. After the war, from 1953 onwards, it was reconstructed by Professor Horst Lyr, then head of the Dendrological Garden. Between 2001 and 2005, today's Root Cellar was established as a state-of-the-art lysimeter facility. Placed half hidden on a slope, it looks like an enchanted wooden construction. Regional kinds of soil and plants are shown in display cases.*

Der Wurzelkeller ist ein unterirdisches Labor mit zehn verglasten Wachstumskabinen, in denen sich das Wachstum von Pflanzenwurzeln und Veränderungen im Boden zum Beispiel am Nährstoffgehalt studieren lassen. Bei schummeriger Beleuchtung – denn die natürlichen Prozesse sollen nicht durch starken Lichteinfall beeinflusst werden – verbringen die Forscher viele Stunden, um Bodenproben zu entnehmen und Veränderungen aufzuzeichnen.

1939 war es die europaweit erste derartige Einrichtung. Nach dem Krieg ist der Wurzelkeller ab 1953 von dem damaligen Leiter des Forstbotanischen Gartens, Prof. Horst Lyr, wiederaufgebaut worden. Zwischen 2001 und 2005 entstand der heutige Wurzelkeller als hochmoderne Lysimeteranlage – ein verwunschen anmutender Holzbau, der zur Hälfte in einer Anhöhe verborgen liegt. In seinen Schaukästen finden sich regionaltypische Böden und Pflanzen.

PLANT PROPAGATION – *Before the plants of the Dendrological Garden can grow to larger sizes, their seedlings have to grow. Today, this process takes place in the greenhouses of the multifunctional building. By far not all seedlings which are planted there are later on transplanted and exhibited in the Dendrological Garden. For a long time, selling plants pre-sented a profitable additional income for the Dendrological Garden. In 1876 alone, 90,000 black alder and 1,800,600 pine trees were sold. However, towards the end of the 19th century plant sales were drastically reduced – probably because it was feared that the nearly seven hectares comprising Academy could neglect its core competencies too much.*

Bevor die Pflanzen des Forstbotanischen Gartens zu stolzen Exponaten werden, müssen sie wachsen. Dazu dienen heute die Gewächshäuser des Funktionsgebäudes. Längst nicht alle Setzlinge, die dort angepflanzt worden sind, wechselten später zu Schauzwecken in den Garten. Für lange Zeit stellte der Pflanzenverkauf eine einträgliche Nebeneinkunft für den Forstbotanischen Garten dar. Im Jahr 1876 sind allein 90 000 Roterlen und 1 800 600 Kiefern abgesetzt worden. Gegen Ende des vorletzten Jahrhunderts ist diese Praxis jedoch stark eingeschränkt worden – wohl, weil man fürchtete, dass die damals knapp sieben Hektar große Einrichtung ihre Kernkompetenzen allzu sehr vernachlässigen könnte.

COLLECTION OF WOODY PLANTS – *This historical collection of woody plants dates from 1871. Still today, botanic visuals play an important role in academic education. In a building adjacent to the Dendrological Garden, treasures preserved from the 19th century lie dormant, which are of high value to students today.*

Students from the Departments of Landscape Management and Nature Conservation or Forest and Environment learn how to deal with identification keys and how to evaluate wood quality. In addition, this collection is shown to visitors to stimulate their interest in botanical biodiversity.

Die Aufnahme dieser historischen Gehölzsammlung datiert aus dem Jahr 1871. Noch immer spielt botanisches Anschauungsmaterial eine bedeutsame Rolle in der akademischen Ausbildung. Im Funktionsgebäude des Forstbotanischen Gartens schlummern Schätze, die den Studenten bei der Pflanzenbestimmung wertvolle Dienste leisten. An vielen Präparaten, die aus dem 19. Jahrhundert erhalten sind, erlernen sie in Studiengängen wie Landschaftsnutzung und Naturschutz oder Forstwirtschaft den Umgang mit Bestimmungsschlüsseln oder die Beurteilung der Holzqualität. Außerdem dienen die Sammlungen Besuchern als Anschauungsmaterial, um Interesse für die Vielfalt der Ausprägungen zu wecken, die die Pflanzenwelt zu bieten hat.

LABORATORIES – *Lab work at Eberswalde University for Sustainable Development mainly focuses on soil, water and plant analyses. Test tubes, membrane filtration and sensitive electronic measurement equipment help gain information about pollution, nutrient levels and much more. The Central Ecological Laboratory on the forest campus provides analyses for third parties from industry and other customers. With this valued service Eberswalde asserts itself against international competitors.*

Laborarbeiten an der HNE dienen vorwiegend der Boden-, Wasser- und Pflanzenanalytik. Mit Reagenzglas, Membranfiltration und sensibler Messelektronik lässt sich Aufschluss über Schadstoffbelastungen, Nährstoffgehalte und vieles mehr gewinnen. Das Zentrale Ökologische Labor auf dem Waldcampus bietet entsprechende Analysen für Interessenten aus der Wirtschaft und andere Auftragsgeber – eine geschätzte Dienstleistung, mit der der Forschungsstandort Eberswalde im internationalen Wettbewerb konkurriert.

RESEARCH – During GDR times, important research projects of the former Forest Academy aimed at increasing yields. Therefore, fertilizers were tested and ideal growth conditions for plants were examined. Efficiency is still an important criterion for research in Eberswalde. But this one-sided approach is history. Today's focus lies on finding ways for agriculture and forestry to adapt to the impacts of climate change, also by networking with other institutions such as Innovationsnetzwerk Klimaanpassung Brandenburg Berlin (INKA BB). With regard to materials research, scientists intend to develop innovative composite materials, consisting of wood flour and plastic, which make it possible to use wood for new applications. In Eberswalde, among other things, surf boards have been made from this renewable resource.

Zu Zeiten der DDR waren wichtige Forschungsvorhaben der damaligen Forstakademie Eberswalde an der Ertragssteigerung ausgerichtet. So wurden Düngemittel erprobt und Pflanzen auf ihre optimalen Wachstumsbedingungen hin untersucht. Effizienz ist immer noch ein wichtiges Kriterium für die Forschung auch in Eberswalde, doch an der Hochschule für nachhaltige Entwicklung ist sie in dieser einseitigen Betonung passé. Der Anpassung von Acker- und Waldwirtschaft an Folgen der Klimaveränderung gilt heute ein Schwerpunkt, so etwa im Innovationsnetzwerk Klimaanpassung Brandenburg Berlin (INKA BB). Im Bereich der Materialforschung rund ums Holz wird unter anderem an innovativen Verbundwerkstoffen aus Holzmehl und Kunststoff gearbeitet, mit denen das Holz in neue Anwendungsbereiche vordringt. In Eberswalde sind unter anderem schon Surfbretter aus dem nachwachsenden Rohstoff gefertigt worden.

CONVERSION OF NEW FOREST ACADEMY – *In 1992, when the modern era of Eberswalde University started, more buildings were available to the university, thus making it possible to use individual buildings in more differentiated ways. Today, the New Forest Academy is primarily used for seminars. The building has been carefully renovated. Lab facilities are located in the Dendrological Garden and – after the completion of renovation works – will also again be brought back to the Building of the Department of Landscape Management and Nature Conservation.*

Mit der gestiegenen Anzahl von Gebäuden seit der Neugründung im Jahr 1992 hat sich auch deren Nutzung ausdifferenziert. Die Neue Forstakademie wird heute vor allem für den Seminarbetrieb genutzt. Mit einer behutsamen Sanierung wurde das Gebäude den aktuellen Bedürfnissen angepasst. Laboreinrichtungen finden sich im Forstbotanischen Garten und – nach Beendigung der Sanierungsarbeiten – wieder im Gebäude des Fachbereichs Landschaftsnutzung und Naturschutz.

DINING HALL – *In the early 1990s, plain meals in steaming pots and a simple cash register made up the provisional town campus dining hall. Still today, the forest campus dining hall has this peculiar shanty charm. But towards the end of the 1990s, the inauguration of the building for the* *Department of Business on Friedrich-Ebert-Straße brought with it better culinary services. Both dining halls, which are operated by Studentenwerk Frankfurt (Oder), now serve meals using organic ingredients. Vegetarian meals are also part of the menu.*

Mit provisorisch aufgetischten dampfenden Töpfen und einer einfachen Registrierkasse fing in den frühen 1990er Jahren auf dem Stadtcampus alles an. Noch heute versprüht die Mensa auf dem Waldcampus einen eigentümlichen Barackencharme. Doch mit der Einweihung des wirtschaftswissenschaftlichen Fachbereichsgebäudes an der Friedrich-Ebert-Straße sollte Ende der 1990er Jahre eine andere Qualität in die kulinarische Versorgung der Fachhochschulangehörigen kommen. In beiden Mensen, die vom Studentenwerk Frankfurt (Oder) betrieben werden, sind täglich Gerichte mit Zutaten aus biologischer Herstellung erhältlich. Auch Vegetarier und Veganer werden hier satt.

THE TOWN AND ITS UNIVERSITY – Eberswalde University of Applied Sciences and the town of Eberswalde, the seat of Barnim County, are closely intertwined. Shopping facilities and cultural activities lie within walking distance of the town campus. The town regularly welcomes first year students on its market square with free beer, special donuts and wild buur meat. Students get to know the town, the region and the people not only but also because excursions, as part of their practical education, often take them to rural places nearby.

Die Verknüpfungen zwischen der HNE und der Barnimer Kreisstadt Eberswalde sind eng. Vom Stadtcampus sind wichtige Bedürfnisse des täglichen Lebens und kulturelle Angebote zu Fuß zu befriedigen. Regelmäßig zum Semesterauftakt werden die frisch Immatrikulierten auf dem Marktplatz mit Freibier, Spritzkuchen und Wildschweinfleisch willkommen geheißen. Die Studenten lernen Stadt, Region und Leute kennen. Nicht nur, aber auch weil die praxisbezogenen Ausbildung sie immer wieder zu Exkursionen in die ländlich geprägte Umgebung führt.

STUDENT DORMITORIES – *Currently, Studentenwerk Frankfurt (Oder) operates three student dormitories at two locations. Up to 382 students find housing here. Also the university's guest house Sonnenvilla with generous apartments is available on Schwappachweg. Demand is high. Therefore a new dormitory is erected on Am Zainhammer, which is located between the university's forest campus and its Dendrological Garden. Especially for students from abroad dormitories are a good way to meet friends and kindred spirits.*

Das Studentenwerk betreibt derzeit drei Wohnheime an zwei Standorten. Bis zu 382 Studierende finden darin Wohnraum. Außerdem steht am Schwappachweg das Gästehaus Sonnenvilla mit großzügigen Appartements zur Verfügung. Die Nachfrage ist groß. Ein neues Wohnheim entsteht deshalb am Zainhammer, zwischen Waldcampus und Forstbotanischem Garten gelegen. Insbesondere für die zahlreichenden Studierenden aus dem Ausland stellen die Studentenwohnheime eine Möglichkeit dar, Anschluss an Gleichgesinnte zu finden.

STUDENT ACTIVITIES – Huntsmen must be able to handle firearms. Therefore, at the Forest Academy, learning how to use arms formed part of the curriculum. Some of the would-be foresters were so excited about hunting that in 1894 Director Bernhard Danckelmann asked the managers of nearby hunting grounds not to invite students for hunting on lecture days. Proper shooting is still taught. Every winter semester, students of the Forest and Environment Department and International Forest Ecosystem Management learn how to shoot in hunting classes. Many students are commuters, living in Germany's vibrant capital of Berlin. But also those students who decide to move to Eberswalde can enjoy a variety of activities. For instance, there is a theatre group that meets regularly. Students who enjoy creative writing can demonstrate their literary talent at public readings. During the semester, there are movie nights as well as regular concerts and parties at the Students' Club in Schicklerstrasse.

Ein Waidmann muss auch mit der Schusswaffe umgehen können. An der Forstakademie hatte die Ausbildung am Gewehr deshalb einen hohen Stellenwert. Damals reichte die Jagdbegeisterung so weit, dass Direktor Danckelmann sich im Jahr 1894 genötigt sah, die Revierverwalter der Umgebung zu bitten, an Vorlesungstagen keine Studenten zur Jagd einzuladen. Scharf geschossen wird noch immer. In jedem Wintersemester lernen es Studierende der Forstwirtschaft und des International Forest Ecosystem Management im Rahmen der Jagdbetriebskunde. Viele Studierende leben heutzutage im quirligen Berlin. Doch auch wer nach Eberswalde zieht, muss auf abwechslungsreiche Aktivitäten nicht verzichten. Eine Theatergruppe trifft sich regelmäßig. Wer sein literarisches Talent aufblitzen lassen will, kann im Rahmen von Lesungen eigene Geschichten vor Publikum darbieten. Während der Vorlesungszeit gibt es Filmabende sowie Konzerte und Partys im Studentenclub an der Schicklerstraße.

EXCURSIONS – Since the days of Wilhelm Pfeil (1783 – 1859), focusing on local characteristics and peculiarities has become an often-quoted university-credo. During the first decades of last century, academic trips took researchers and students to forest areas with different climatic and soil-specific conditions, for instance in Styria (Austria) and Hungary. Also today, excursions to different vegetation zones for academic purposes play an important role. There are close contacts with researchers in Ukraine. All BA and some MA degree programmes require one-semester internships.

Die Betonung örtlicher Besonderheiten ist seit den Zeiten Wilhelm Pfeils ein Credo der Eberswalder Lehre. In den ersten Jahrzehnten des vergangenen Jahrhunderts führten Hochschulreisen bereits regelmäßig in Waldgebiete mit anderen klimatischen und bodenspezifischen Verhältnissen, so etwa in die Steiermark und nach Ungarn. Auch in der Gegenwart spielen Exkursionen in andere Vegetationszonen zu Studien- und Forschungszwecken eine wichtige Rolle; unter anderem werden intensive Kontakte zu Forschern in der Ukraine gepflegt. In allen Bachelor-Studiengängen und einigen Master-Programmen ist ein Praxissemester zudem obligatorischer Bestandteil des Curriculums.

THE FACULTY – More than 50 professors plus a number of lecturers but fewer than 2,000 students – big universities cannot compete with the Eberswalde student-teacher ratio. Present-day time travellers on their journey back in time to the early days of the Royal Prussian Forest Academy would probably compare this institution to a village school. When the Prussian Academy moved to Eberswalde in 1830, its founding director Wilhelm Pfeil taught most of the key subjects himself. Only for natural sciences and mathematics there were two additional instructors. This photo from 1868 – the oldest of its kind – shows the entire teaching staff at that time. In the center, is the long time director Bernhard Danckelmann, and on the far left his son. Today's Academic Senate alone, in which students are also represented, has approximately as many members.

Mehr als 50 Professorinnen und Professoren, dazu etliche Lehrbeauftragte, das alles bei weniger als 2000 Studierenden – daraus ergibt sich an der HNE heute ein Betreuungsschlüssel, mit dem große Universitäten nicht mithalten können. Nahezu wie eine Dorfschule müsste dem Zeitreisenden aus der Gegenwart die Königliche Preußische Höhere Forstlehrzeit in ihren Anfangsjahren vorkommen. Als die Preußische Akademie 1830 nach Eberswalde zog, leitete der Gründungsdirektor Wilhelm Pfeil den Unterricht in den wichtigsten Fächern noch selbst. Lediglich für Naturwissenschaften und Mathematik standen ihm zwei weitere Lehrer zur Seite. Auf diesem Foto – es ist das älteste derartige – aus dem Jahr 1868 ist der komplette damalige Lehrkörper abgebildet, in der Mitte der langjährige Direktor Bernhard Danckelmann, ganz links dessen Sohn. Heute erreicht allein der Akademische Senat, in dem auch die Studierenden eine Vertretung haben, eine vergleichbare Größe.

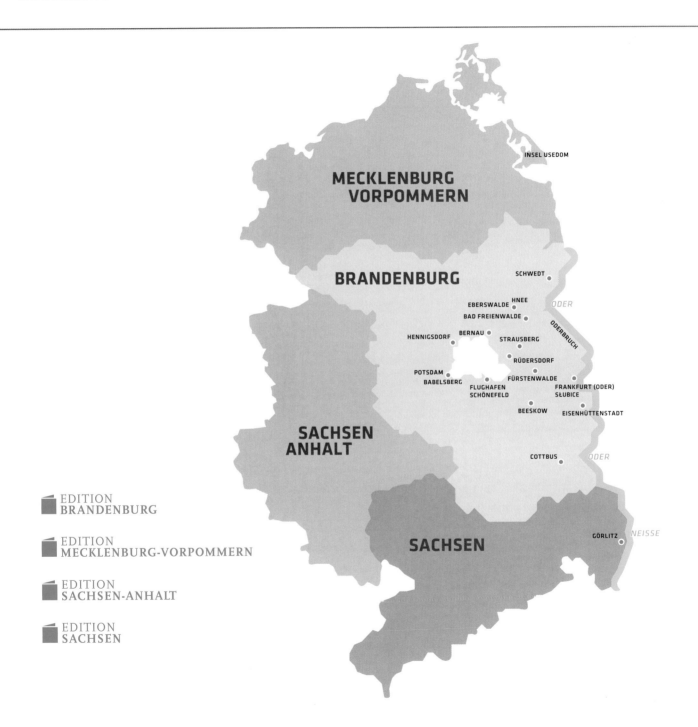

MECKLENBURG
VORPOMMERN

BRANDENBURG

INSEL USEDOM

SCHWEDT

EBERSWALDE HNEE

ODER

BAD FREIENWALDE

ODERBRUCH

HENNIGSDORF   BERNAU

STRAUSBERG

RÜDERSDORF

POTSDAM

FÜRSTENWALDE

BABELSBERG

FLUGHAFEN
SCHÖNEFELD

FRANKFURT (ODER)
SŁUBICE

BEESKOW   EISENHÜTTENSTADT

SACHSEN
ANHALT

COTTBUS   ODER

SACHSEN

GÖRLITZ   NEISSE

EDITION
BRANDENBURG

EDITION
MECKLENBURG-VORPOMMERN

EDITION
SACHSEN-ANHALT

EDITION
SACHSEN

In der Buchreihe EINST UND JETZT
sind außerdem erschienen: